Stadtmauer mit Pulverturm

[1] Pulver- und Haspelmathturm

Parken am Rathausplatz
***Glasbläserei** März – Dez. Mo – Sa 10–13/14–18 Uhr, So 10–17 Uhr; Jan./Feb. nur Verkauf Mo – Sa 11–13/14–18 Uhr; Erlebnisführung und Glasbläsershow Tel. 05151 405 571*
***Galerie Arche** Mi 11–13 Uhr, Sa 10–13 Uhr, So 11–14 Uhr, Tel. 05151 23 322*

Die Altstadt Hamelns betritt man in Höhe des Kastanienwalls, wo zwei erhaltene mittelalterliche Stadtmauertürme den Verlauf der ab dem 13. Jahrhundert errichteten Stadtbefestigung markieren. Ab 1664 wurde Hameln zu einer welfischen »Prinzipalfestung« ausgebaut. Der Festungsring mit sternförmigen Bastionen erstreckte sich bis zum Flusslauf der Hamel. Da ausgehend vom Siebenjährigen Krieg (1756–1763) mehrere Forts auf dem Berg Klüt am der Altstadt gegenüberliegenden Weserufer hinzukamen, wurde das nahezu uneinnehmbare Hameln auch als »Gibraltar des Nordens« bezeichnet. 1808 ließ Napoleon die Befestigungsanlagen schleifen – von den zahlreichen Türmen blieben einzig der Pulver- und der Haspelmathturm erhalten. Letzterer ist nach seinem ehemaligen Besitzer Friedrich Wilhelm Haspelmath (1790–1856) benannt, der darin seine Kunstsammlung ausstellte. Seit der

Haspelmathturm

Sanierung 1991 beherbergt der polygonale Wehrturm die Künstlergruppe Arche, die die gleichnamige Galerie betreibt. Im Pulverturm befindet sich eine Glasbläserei mit einer Glaskunstausstellung und Galerie.

Verbunden sind die beiden Türme seit Anfang der 1990er Jahre durch einen originalgetreu rekonstruierten Abschnitt der mittelalterlichen Stadtmauer. Ein bronzenes Denkmal in der kleinen Grünanlage erinnert an die umfassende Altstadtsanierung Hamelns seit den 1970er Jahren. Die rechts des Pulverturms verlaufende Neuetorstraße führt über die Ritterstraße direkt zum Herzen von Hameln, dem Pferdemarkt mit Marktkirche und Hochzeitshaus.

[2] Pferdemarkt

Der Hamelner Markt unterteilt sich in zwei Bereiche. Während sich südlich der Marktkirche der Kleine, der »Lütjen Markt« befindet, liegt nördlich davon der Große bzw. Pferdemarkt. Seinen Namen, erstmals 1402 urkundlich erwähnt, verdankt er wahrscheinlich den dort im Mittelalter stattfindenden Ritterturnieren.

Ein schönes Beispiel eines Barockbaus stellt das Gebäude am Pferdemarkt 1 dar. Um 1700 als zweistöckiges Wohnhaus mit einem betonenden Mittelrisalit und Zwerchgiebel erbaut, wurde es später als Amtsgericht, Landratsamt und Kreishaus genutzt. Das ehemalige Verwaltungsgebäude beherbergt seit 2008

hinter seiner historischen Fassade das Einkaufszentrum »Stadtgalerie«.

An den Pferdemarkt grenzte bis zu seiner Zerstörung am 5. April 1945 das barocke Rathaus aus dem 18. Jahrhundert, das quer vor der Marktkirche und dem Hochzeitshaus stand. Da das Rathaus unter anderem die Ratswaage und im Erdgeschoss Läden zum Verkauf von Waren beherbergte, ist die mittelalterliche Bezeichnung »kophus« (Kaufhaus) belegt. Auch rings um das Gebäude lagen verschiedene Verkaufsstände, die sogenannten Scharren. Bis zu seiner Verlegung zwischen Rathaus und Hochzeitshaus 1788 war der Bäckerscharren mit dem Gebäude der heutigen »Rathsapotheke« (Osterstraße 51) verbunden. Erst Mitte des 19. Jahrhunderts wurde es Händlern erlaubt, Fleisch und Brot auch außerhalb der Scharren zu verkaufen.

[3] Marktkirche St. Nicolai

Besichtigung und Turmaufstieg
März – Okt./Dez. 12–16 Uhr

Benannt nach dem Schutzheiligen der Schifffahrt, liegt der Ursprung von St. Nicolai im frühen 12. Jahrhundert. Der anfangs einschiffige Saalbau wurde noch im gleichen Jahrhundert als romanische Basilika erweitert. Das Bruchsteinmauerwerk mit den Rundbogenfenstern in der Süd- und Nordwand des Querhauses datiert aus dieser Epoche. Im 13. Jahrhundert wurde die Basilika zur Hallenkirche mit Chor und Sakristei umgebaut. 1511 erhöhte man den bis dahin nur als Stumpf errichteten Westturm und versah ihn mit einer Helmpyramide. Nach Verwüstungen im Siebenjährigen Krieg wurde St. Nicolai wiederhergestellt und erhielt eine barocke Innenausstattung.

Am 5. April 1945 entfachte Artilleriebeschuss Feuer im Kirchturm, der daraufhin auf das Kirchenschiff stürzte und dieses sowie das angrenzende Rathaus in Brand steckte. Bis auf die Umfassungsmauern, den Chor und die Sakristei wurde die Marktkirche zerstört. 1957/59 baute man sie als schlichte dreischiffige Pseudobasilika mit flacher Balkendecke und einem neuen Turm wieder auf. Die Besteigung des Kirchturms, der 2007 ein vergoldetes Schiff als Wetterfahne erhielt, bietet einen wunderschönen Ausblick über Hameln und das umliegende Weserbergland.

Zu den wenigen erhalten gebliebenen Kunstwerken im Inneren der Kirche zählen das im Altarraum hängende Holzkruzifix aus dem 15. Jahrhundert sowie zwei Engelleuchter aus Messing auf dem Altar, die 1536 in der bekannten Nürnberger Vischer-Werkstatt entstanden. Die barocken Reliefs links neben der Kanzel stammen vom zerstörten Hochaltar des hannoverschen Hofbildhauers Johann Friedrich Blasius Ziesenis (1715–1787).

[4] Hochzeitshausterrasse

Glockenspiel *»Rattenfängerlied« 9.35 Uhr, »Weserlied« 11.35 Uhr*
Figuren- und Glockenspiel *13.05 Uhr, 15.35 Uhr, 17.35 Uhr*
Freilichtspiel *Mitte Mai – Mitte Sept. So 12 Uhr*
Musical »RATS« *Mitte Mai – Mitte Sept. Mi 16.30 Uhr*

Im Straßenpflaster vor der Marktkirche trifft man auf die berühmte Rattenfängersage, für die Hameln weltweit bekannt ist. Seit der Neugestaltung der Fußgängerzone, die nach viel Kritik erst nach einem Bürgerentscheid 2009 umgesetzt werden konnte, läuft rings um den Platz eine Rattenspur mit kleinen Rattensteinen, bronzenen Orientierungsplatten und dem Schriftzug »Im Jahr 1284 / Am 26. Juni 1284 / Bundting der Rattenfänger / Hundertunddreißig Kinder / ließ seine Pfeife in den Gassen hören / wunderlicher Mann«.

Die seit Jahrhunderten erzählte Geschichte berichtet von einer Rattenplage in Hameln. Sie zu beseitigen, bot sich der Rattenfänger Bundting an. Er zückte seine Pfeife, und das lästige Ungeziefer folgte seinem Flötenspiel, bis es quiekend in der Weser ertrank. Doch nach getaner Arbeit verweigerten die knauserigen Hamelner Stadtherren dem Pfeifer seinen versprochenen Lohn, sogar aus der Stadt sollen sie ihn gejagt haben. Auf Rache sinnend, kehrte Bundting bald zurück und lockte mit seiner betörenden Musik alle Kinder der Stadt fort. Nur zwei von ihnen kamen wieder – ein blindes, das den Ort nicht sah, und ein stummes, das nicht sagen konnte, was es gesehen hatte! Bis heute verliert sich die Spur der Kinder im Dunkel der Geschichte, und unzählige Erklärungsversuche und Legenden ranken sich um das Ereignis.

*Die **Rattenfängersage** erlebte über die Jahrhunderte zahlreiche Interpretationen, und bis heute beschäftigt sich die Wissenschaft mit ihrem historischen Kern. Den höchsten Wahrheitsgehalt sehen Historiker in der These, dass Hamelner Bürger, bezeichnet als »Kinder der Stadt«, im 13. Jahrhundert von adligen Territorialherren zur Besiedlung östlicher Gebiete angeworben wurden. Dies könnte später mit der Rattenvertreibung in Verbindung gebracht worden sein – in einer mittelalterlichen Mühlenstadt wie Hameln waren die Nager stets eine Plage.*

Weserlied
»Hier hab' ich so manches liebe Mal / mit meiner Laute gesessen, / hinunterblickend ins weite Tal, / mein selbst und der Welt vergessen. // Und um mich klang es so froh und hehr, / und über mir tagt es so helle, / und unten rauschte das ferne Wehr / und der Weser blitzende Welle. // Wie liebender Sang aus geliebtem Mund, / so flüstert es rings durch die Bäume, / und aus des Tales offenem Grund / begrüßen mich lockende Träume. // […] Da sitz ich aufs neue und spähe umher / und lausche hinauf und hernieder, / die holden Weisen rauschen nicht mehr, / die Träume kehren nicht wieder. […]«

Rechter Hand der Marktkirche lädt die renovierte Terrasse des Hochzeitshauses mit zahlreichen Sitzbänken zum Verweilen ein. Von hier aus kann man täglich dem Glockenspiel am Giebel des Hochzeitshauses lauschen, das seit 1964 die im Zweiten Weltkrieg zerstörte Rattenfänger-Kunstuhr ersetzt. Während um 9.35 Uhr »Wandern, ach wandern durch Berg und Tal«, das von dem Schriftsteller Walther Schulte vom Brühl (1858–1921) gedichtete Rattenfängerlied, erklingt, folgt 11.35 Uhr das berühmte Weserlied. Es stammt aus der Feder des Dichters Franz von Dingelstedt (1814–1881) und wurde von Gustav Pressel (1827–1890) vertont. Dreimal täglich bietet sich von der Terrasse außerdem ein guter Blick auf das an gleicher Stelle erscheinende Rattenfänger-Figurenspiel. Unterhalb dessen künden am Hochzeitshaus drei Sandsteinplatten von dem 1946 abgerissenen Bäckerscharren.

Wer sonntags in Hameln weilt, sollte sich die halbstündige, kostenlose Freilichtaufführung der Rattenfängersage mit mehr als 80 Laiendarstellern nicht entgehen lassen. Das 1929 uraufgeführte Stück, zwischen 1939 und 1951 kriegsbedingt nicht gespielt, erleben heute jährlich rund 100 000 Besucher. Darüber hinaus zeigt jeden Mittwoch das ebenfalls kostenfreie Musical »RATS« den berühmten Auszug der Kinder.

Auf der Hochzeitshausterrasse befindet sich ein 1986 geschaffener Grenzstein, der an die seit 1619 nachgewiesenen Hamelner Grenzgänge erinnert. Die ersten »Grenzbetrekkungen« gehen vermutlich bis ins 13. Jahrhundert zurück. Mindestens einmal pro Jahr fand eine Begehung durch Stadtsoldaten und -bediensstete, Forstmänner, Bürger und Bauern statt, um vor den Toren von Hameln gelegene Flurstücke vor Grenzverletzungen zu schützen. Als die Stadt Hameln nicht mehr in der Lage war, die traditionelle Veranstaltung zu finanzieren, gründete sich 1930 der bis heute existierende »Verein für Grenzbeziehung und Heimatpflege«.

Friedrich Wilhelm Sertürner
1783–1841, Apotheker. Der bei Paderborn Geborene erwarb Anfang der 1820er Jahre die Ratsapotheke in Hameln, die er bis zu seinen Tod führte. Der Entdecker des Schmerzmittels Morphium, das er als junger Apothekergehilfe 1804 aus Opiumsaft isolieren konnte, beschäftigte sich mit einem breiten Spektrum wissenschaftlicher Themen. Sein Werk umfasst neben allgemeinen naturwissenschaftlichen Abhandlungen auch Studien über Waffen und eine Theorie über die Ursachen der Cholera. Zurückgezogen starb Sertürner an den Folgen eines schweren Gicht-Leidens.

[5] Hochzeitshaus

Das Hochzeitshaus zählt zu den bedeutendsten Bauwerken von Hameln. Die Bürgerschaft der Stadt ließ das repräsentative Fest- und Feierhaus 1610–1617 unter dem schlichten Namen »Neues Gebäude« errichten. Diese Art von Bauwerken war bis Mitte des 17. Jahrhunderts in vielen Städten üblich, um Feste begüterter Bürgerfamilien nicht mehr in beengten Wirts- oder Wohnhäusern bzw. dem Rathaussaal zu veranstalten. Nachdem der städtische Rat wiederholt

vor ausschweifenden Gelagen gewarnt hatte, fand 1721 die letzte Hochzeitsfeier in dem Gebäude statt.

Das im Stil der Weserrenaissance gestaltete Hochzeitshaus besitzt drei Schauseiten. Während sich an den beiden Querfassaden mehrstöckige Volutengiebel erheben, wird die 43 Meter lange Südfront von drei Zwerchhäusern bestimmt. Der Sandsteinbau wird durch breite Gurtgesimse, die die Giebel- und Traufseiten umlaufen, horizontal betont.

Über den drei Portalen in der Osterstraße prangen Inschriften, die auf die Einrichtungen im Erdgeschoss des städtischen Gebäudes hinweisen: Weinschänke, Ratsapotheke und Ratswaage. Letztere war jedoch nie in dem Gebäude beheimatet. In den oberen Geschossen befanden sich der Festsaal und eine Rüstkammer der städtischen Wehr.

Von 1820 bis 1841 lebte Friedrich Wilhelm Sertürner im Hochzeitshaus. Zu Beginn der 1930er Jahre wurde das Bauwerk entkernt und für die Belange der städtischen Verwaltung umfunktioniert. Heute befinden sich im Hochzeitshaus, dem Namen alle Ehre machend, das Hamelner Standesamt sowie ein Ausstellungsraum im Erdgeschoss.

[6] Dempterhaus

Gegenüber von Hochzeitshaus und Marktkirche befindet sich das Dempterhaus (Markt 6). Es ist benannt nach seinem einstigen Besitzer Tobias von Dempter (1583–1657), dessen Name von der niederländischen Stadt Deventer abstammt, die seine Eltern im 16. Jahrhundert aus religiösen Gründen verlassen mussten.

1607 bezog er das stattliche gotische Steingebäude des Superintendenten Johannes Bock und ließ es umbauen. Im Jahr zuvor hatte er Bocks Tochter Anna geehelicht, wodurch er sich in der Hamelner Bürgerschaft etablieren konnte. Als langjähriges Ratsmitglied war Dempter ab 1629 Bürgermeister von Hameln. Durch sein kluges Handeln blieb der Stadt im Dreißigjährigen Krieg größeres Unheil durch kaiserliche Truppen, die 1633 durch Georg von Braunschweig-Lüneburg vertrieben wurden, erspart.

Das Haus im Stil der Renaissance besteht aus zwei steinernen Etagen, über denen sich das zweite Obergeschoss und ein mehrstöckiger, hervorkragender Giebel

Georg von Braunschweig-Lüneburg
1582/3–1641, Herzog und General. Im Dreißigjährigen Krieg befehligte Georg – mehrfach die Seiten wechselnd – dänische, kaiserliche und schwedische Truppen. Nach dem Sieg von Hessisch-Oldendorf 1633 eroberte er, in schwedischen Diensten stehend, das kaiserlich besetzte Hameln sowie die Stifte Hildesheim und Minden. 1636 wählte er Hannover zu seiner Residenz und ließ dort das Minoritenkloster als Residenzschloss umbauen. Herzog Georg verstarb, vermutlich bei einem Bankett vergiftet, in Hildesheim.

Brillenstudio

aus Fachwerk erheben. Die prächtige Schauseite des Dempterhauses wird durch den Fachwerkschmuck sowie die links neben der Tür befindliche, reich verzierte »Utlucht« bestimmt. Der Begriff, vermutlich von dem Wort »Auslugen« abstammend, bezeichnet ein aus der Gebäudefront hervortretendes Bauteil, das u.a. für eine bessere Beleuchtung des Innenraumes sorgte. Im Gegensatz zu Erkern sind Utluchten, die im Hamelner Stadtbild häufig zu sehen sind, ebenerdig aufgesetzt.

Links neben dem Dempterhaus säumen zwei interessante Bauwerke den Platz. Das Gebäude Markt 5, errichtet 1770, trägt über dem Torbogen zwei Wappensteine des Vorgängerbaus von 1672. Auf dem Anwesen befand sich mehrere Jahrhunderte lang eine Essigfabrik. Im barocken Gewand präsentiert sich das Nachbargebäude (heute Sparkasse) aus dem 18. Jahrhundert. Es diente als Sitz des Stadtkommandanten und ab 1830 als Gesellschaftshaus des Klubs »Zur Harmonie«.

Nun begibt man sich in die beliebte Flaniermeile Bäckerstraße, deren Zugang von einem stattlichen barocken Fachwerkgebäude dominiert wird. Hier, im einstigen »Hotel zur Sonne«, weilte 1865 König Georg V. von Hannover (1819–1878).

Glückel von Hameln
1645/6–1724, eigtl. Glikl bas Judah Leib, Kauffrau. Die aus einer jüdischen Händlerfamilie aus Hamburg abstammende Glückel heiratete um 1661 einen Hamelner Kaufmann. Nach dem Tod ihres Mannes führte sie, neben der Erziehung ihrer zwölf überlebenden Kinder, selbständig die weitverzweigten Geschäfte erfolgreich fort. Glückel, die 1700 einen Bankier aus Metz ehelichte, starb nach dessen Bankrott völlig mittellos. Bekannt wurde sie durch ihre Memoiren in jiddischer Sprache, die als erste erhaltene Autobiographie einer Frau in Deutschland gelten.

[7] Fischpfortenstraße

Von der am Markt beginnenden Bäckerstraße zweigt nach wenigen Metern rechts die Fischpfortenstraße ab. Wie die parallel verlaufende Wendenstraße führte die »visportenstrate« zur sogenannten Fischpforte in der Stadtmauer, durch die man zum Anlegeplatz an der Weser gelangte.

Das »Himmelreich« – eine kleine Straße, die heute zu einem trostlosen Platz führt – war früher eine Sackgasse, in der im Mittelalter der Legende nach drei Männer starben: es tötete sie der versteinernde Blick eines Basilisken, ein in der mittelalterlichen Mythologie weit verbreitetes, bekröntes Mischwesen aus Hahn und Schlange. Architektonisch interessant ist das Eckgebäude Fischpfortenstraße 18, das giebelständig zur Gasse steht und einst selbst als das »Himmelreich« bezeichnet wurde. Das zweigeschossige Haus, dessen zwei Dachgeschosse mit ornamental verzierten Knaggen vorkragen, nennt in einer sorgfältig gestalteten Inschrift den Besitzer »IOHAN VITTE« und das Baujahr 1561.

»Himmelreich«

Am Nachbargebäude Fischpfortenstraße 20 befindet sich ein von 1550 datierter Reliefstein, der den Sündenfall von Adam und Eva darstellt und von einem Vorgängerbau stammt.

Schräg gegenüber zieht ein weiteres Gebäude (Fischpfortenstraße 11) die Blicke auf sich. Hier war Mitte des 19. Jahrhunderts mehrfach der berühmte Dichter, Zeichner und Maler Wilhelm Busch (1832–1908) zu Gast, dessen Großmutter aus Hameln stammte. Der Schöpfer von »Max und Moritz« sorgte für Aufsehen in der Stadt, nahm er doch frühmorgens gern ein Wellenbad bei den Mühlen in der Weser, um danach ins Brauhaus zu gehen. Die meiste Zeit verbrachte Busch beim Zeichnen von alten Gebäuden und beim Skizzieren Hamelner Bürger. Seine Charakterstudien stießen auf wenig Gegenliebe, da er die Menschen anscheinend ganz treffend porträtierte.

Um 1560 als reich verziertes Fachwerkhaus mit den typischen Vorkragungen des zweiten Ober- und Dachgeschosses erbaut, wurde die Fassade um 1850 von der Ständer- zur Stockwerksbauweise umgestaltet. Bei der Sanierung in den Jahren 2012/13 entdeckte man unter dem Bauwerk Steinmauern sowie eine gepflasterte Herdstelle eines viel älteren Gebäudes, das vermutlich ins 13. Jahrhundert zu datieren ist. In der Fischpfortenstraße 22 lebte zeitweise Glückel von Hameln.

Wilhelm-Busch-Haus

[8] Pfortmühle

Am Ausgang der Fischpfortenstraße erhebt sich die Pfortmühle, benannt nach den beiden einst in der Stadtmauer gelegenen Fischpforten. Mehrere Mühlen sowie der Mühlsteinhandel spielten für die Entwicklung Hamelns eine wichtige Rolle. Dies unterstreicht auch das Stadtwappen, das außer dem Münster einen Mühlstein zeigt.

Der Mühlenstandort an der Fischpfortenstraße wurde erstmals im frühen 15. Jahrhundert erwähnt. Im 19. Jahrhundert ging die bis dahin städtische Mühle in den Besitz des Unternehmers Friedrich Wilhelm Meyer über. Nachdem die Pfortmühle 1893 vollständig einem Brand zum Opfer fiel, entstand bis 1895 das heutige Gebäude im Stil des Historismus. Das fünfgeschossige Bauwerk aus gelben und roten Ziegeln wird besonders durch die Attika und die Pilaster gegliedert. Entstaubungs- und Feuerlöschanlagen machten die Mühle zu einer der modernsten ihrer Art in Europa. 1912 stellte man den Mühlenbetrieb auf elektrische Energie um. Bis 1968 als Mühle im Einsatz, verkaufte sie der weitverzweigte Mühlenkonzern Kampffmeyer 1975 zurück an die Stadt Hameln. Seit ihrer Sanierung zu Beginn der 1990er Jahre beherbergt die Pfortmühle heute

Stadtbibliothek und -archiv sowie ein Restaurant mit einladender Terrasse samt Weserausblick.

Zwischen dem Werder und der Uferpromenade an der Pfortmühle befindet sich das Untere Weserwehr mit einer Stromschnelle. Früher mussten die Schiffe an dieser Stelle komplett entladen werden, um das berüchtigte »Hamelner Loch«, den Höhenunterschied der Weser von fast zwei Metern, zu überwinden. Dabei wurden die ausgeladenen Güter den Hamelnern zum Verkauf angeboten und zugleich der »Weserzoll« entrichtet. Um das Hindernis besser passieren zu können, nahm 1734 auf dem Hamelner Werder die erste staatlich erbaute Weserschleuse ihren Betrieb auf.

»Goldene Ratte«

Seit 1635 ist der Mühlenbetrieb auf dem Werder dokumentiert. Nach Inbetriebnahme einer neuen Werdermühle ereignete sich 1887 ein großes Unglück: Bei einer bis dahin unbekannten Staubexplosion kamen elf Menschen ums Leben. Im Zweiten Weltkrieg wurde die Werdermühle völlig zerstört. Heute befinden sich auf dem für Besucher zugänglichen Werder ein Wasserwerk sowie ein Café mit Biergarten. Man erreicht es zu Fuß über die Werderbrücke, deren Blickfang auf den Rundbögen die Goldene Ratte ist. Die Skulptur war 2004 Teil des Hamelner Rattenfestivals, als in der ganzen Stadt 65 kunstvoll gestaltete Rattenfiguren aufgestellt waren.

»Bürgerhus«

[9] Kupferschmiedestraße

Der Rundweg durch Hameln führt für einige Meter zurück in die Fischpfortenstraße, bis hin zur nächsten Straßenkreuzung mit zwei weiteren »sprechenden« Bezeichnungen. Während linker Hand die Stubenstraße abzweigt, in der früher die öffentlichen Badestuben der Stadt lagen, begibt man sich rechts in die Kupferschmiedestraße. Besonders sehenswert ist das Haus Nr. 10, dessen Gefache mit reicher Beschlagwerk-Ornamentik verziert sind. In den Zwickeln des Rundbogenportals leuchten zwei Hausmarken, darüber erinnert eine Inschrift an »HINRICK BRVMMER ET KATRINE DOBBEKE, SINE ELIGE HVSFRVWE«.

Am »Bürgerhus«, dem Eckhaus Nr. 13 aus der Mitte des 16. Jahrhunderts, ziehen farbig verzierte Halbrosetten und Halbbogenornamente die Blicke auf sich, im zweiten Obergeschoss sind die Fenster durch hölzerne Vorhangbögen geschmückt. Neben dem rundbogigen Eingangsportal tritt auf beiden Seiten eine Utlucht hervor, wobei die Eckutlucht eine bauhistorische

Seltenheit darstellt. Die Inschrift auf dem Schwellbalken des zweiten Obergeschosses gilt als längste erhaltene von Hameln und lautet übersetzt: »Wenn Gott nicht das Haus baut, das der Mensch mit seiner Mühe erbauen will, wird es vergeblich erbaut. Wie die Vögel für ihre Jungen, so pflegen auch die Eltern nicht für sich, sondern für ihre Nachkommen das Nest zu bauen. Aber Gott bewahrt diese dauerhaft und beschützt das Haus. Von ihm kommt das Gesetz und die Zier des Ehestands. Der Segen des Herrn macht reich.«

[10] Wendenstraße

Die Wendenstraße, die linker Hand ihren Lauf nimmt, wurde im 15. Jahrhundert erstmals als »Wennekenstrate« erwähnt. Allerdings ist die Deutung des Straßennamens bis heute nicht eindeutig geklärt. Die Bezeichnung könnte auf Schiffswinden hinweisen, mit denen Schiffe am nahe gelegenen »Hamelner Loch« heraufgezogen wurden, oder aber von dem niederdeutschen Wort »wenneke« für grobe Kleidungsstücke aus Leinen oder Wolle abstammen. Dies ließe darauf schließen, dass in der Wendenstraße früher Weber gelebt und gearbeitet haben.

Diele im Lückingschen Haus

Aus dem historischen Gebäudeensemble der Wendenstraße, deren gemütliche Cafés und liebevoll gestaltete Geschäfte zum Verweilen einladen, hebt sich mit dem sogenannten Lückingschen Haus (Wendenstraße 8) das wohl schönste Gebäude der Gasse heraus. Mitten im Dreißigjährigen Krieg ließen es 1638 Henni Wichmann und seine zweite Ehefrau Magdalena Schwartze errichten. Der aus der Umgebung stammende Kornhändler, der sich vermutlich 1613 in Hameln niedergelassen hatte und zu Reichtum gelangt war, erwarb damit sein drittes Haus in der Stadt.

Neben dem schönen, aus der Häuserflucht zurücktretendem Bogenportal und der mit zwei Tiergestalten verzierten Giebelspitze ist an dem Bauwerk die Betonung der Horizontalen auffallend. Diese Wirkung wird durch mit Inschriften versehene Schwellbalken sowie die blau-rote Ornamentik im Beschlagwerkstil an den Brüstungsplatten erzeugt. Ist der kunsthandwerkliche Laden im Haus geöffnet, sollte man unbedingt die beeindruckende Durchgangsdiele bestaunen.

[11] Löwenapotheke

An der Einmündung der Wenden- zur Bäckerstraße erblickt man eines der ältesten erhaltenen steinernen Hamelner Wohnhäuser. Die Löwenapotheke (Bäckerstraße 12) entstand um 1300 als Bruchsteinbau. Das Gebäude weist mit seinem hohen spitzen Giebel und den Bogenfenstern typische Merkmale der Gotik auf.

Der westliche Abschnitt der Neuen Marktstraße, die rechter Hand der Löwenapotheke auf die Bäckerstraße trifft, hieß früher Judengasse. Als in den 1950er Jahren der sechszackige Stern im Giebelfeld freigelegt wurde, vermutete man in dem mittelalterlichen Bauwerk die einstige Hamelner Synagoge, deren Standort bis heute nicht lokalisiert ist. Allerdings sollte dieses Hexagramm, auf zwei Spitzen stehend, böse Geister abwehren. Stattdessen ruht der Davidstern als Symbol des Judentums nur auf einer Spitze.

Die Löwen-Skulptur an der Fassade, die nach dem Zweiten Weltkrieg geschaffen wurde, verdeutlicht den traditionellen Namen der Apotheke.

Wilder Peter von Hameln
um 1711–1785, Findelkind. Im Sommer des Jahres 1724 wurde unweit von Hameln »ein nacktes, braungelbes Geschöpf, am ganzen Leibe behaart« aufgegriffen und in das Heiliggeistspital gebracht. Der etwa 12- bis 15-jährige Knabe, dessen Verhalten dem eines wilden Tieres glich, kam 1726 an den englischen Königshof und wurde Gegenstand wissenschaftlicher Experimente. Peter, der bis zu seinem Tod auf dem Lande unweit von London lebte, lernte zwar bei seiner »Zähmung« allmählich aufrecht gehen, jedoch nie sprechen. Forscher gehen heutzutage davon aus, dass der »wilde Peter« an einem Gendefekt litt, der die schwere Entwicklungsstörung auslöste.

Links: Lückingsches Haus

Löwen Apotheke

[12] Rattenkrug

*Die **Weserrenaissance** ist ein regionaler Baustil der Renaissance. Der Anfang des 20. Jh. eingeführte Begriff umfasst Bauten, die im 16. und 17. Jh. im Weserraum entlang der Weser von Bremen bis Kassel sowie westlich davon bis Paderborn und östlich bis Wolfsburg entstanden. Zu den typischen Merkmalen der Schlösser, Adelshöfe, Rathäuser und repräsentativen Bürgerbauten zählen Fassadenschmuck, Giebel und Zwerchhäuser, Standerker, Schmuckleisten mit Inschriften sowie Wesersandstein als Baumaterial (Weserrenaissance-Museum Schloss Brake bei Lemgo: Di – So 10–18 Uhr, Tel. 05261 94 500).*

Gaststätte *Mo – Fr ab 11 Uhr, Sa/So ab 10 Uhr, Tel. 05151 22 731*

Ein weiteres gotisches Steinhaus aus dem 13. Jahrhundert befindet sich in der Bäckerstraße 16. Allerdings besitzt es seit 1568 einen völlig anderen Charakter als die nahe gelegene Löwenapotheke: in diesem Jahr verblendete der Baumeister Cord Tönnies das Gebäude mit einer Sandstein-Fassade im Stil der Weserrenaissance. Über den zwei Geschossen erhebt sich ein Treppengiebel mit Volutenbändern. Gehörte das Zwischengeschoß ursprünglich zum Dach, bewirkten Aufbauten links und rechts am Giebel eine optische Verbreiterung. Eine zweistöckige übergiebelte Utlucht sowie das aus der gotischen Bauphase stammende Spitzbogenportal – an beiden haben sich die Steinmetzzeichen von Tönnies erhalten – charakterisieren das Gebäude. Hervorgehobene Gesimsbänder, typisch für die Weserrenaissance, gliedern die Fassade.

Den Umbau 1568 veranlasste der aus einer der ältesten Hamelner Bürgerfamilien stammende Johann Rike, nach dem das Gebäude lange Zeit als »Rikehaus« benannt wurde. Mit der Nutzung als Gaststätte ging im 19. Jahrhundert der heute bekannte Name

»Rattenkrug« einher. Durch die seitliche Tordurchfahrt von 1781 gelangt man zum Hof, von dem aus man den »originalen« rückwärtigen Giebel mit gotischen Spitzbogenfenstern betrachten kann.

[13] Bäckerstraße

Zurück geht es in die Bäckerstraße, die als eine der ersten Hamelner Straßen bereits im 13. Jahrhundert als »platea pistorum« erwähnt wurde und die wichtigste Verbindung zwischen dem Münster und der Kaufmannssiedlung rund um die Marktkirche war. Auch hier »erzählen« historische Gemäuer ihre interessanten Geschichten. Auf der gegenüberliegenden Straßenseite erinnert die Fassadengestaltung am Haus Nr. 46 an folgende Legende: Die Magd des Kaufmanns Hans Heinrich Grimsehl wollte nachts ein Herdfeuer entfachen. In der benachbarten Schmiede holte sie dafür eine Schaufel mit Glut, doch eine Flamme ließ sich nicht entzünden. Da am nächsten Morgen Gold in der Asche schimmerte, vermutete Grimsehl, dass in der Schmiede nachts Zwerge zugange waren.

Wenige Schritte weiter, an der Ecke zur Blomberger Straße, steht das »Soliman-Haus« (Bäckerstraße 44). Namensgeber war der Amtmann Arnold Soliman,

Bäckerstraße 21

der das Haus von Herzog Erich II. dem Jüngeren (1528–1584) erhalten hatte. Dagegen protestierte der Stiftspropst, da das Anwesen zu den ehemaligen Stiftsgütern gehörte, um die sich nach der Reformation der Rat von Hameln und das Stift stritten. Der Herzog besaß als Schutzherr zwar Anspruch auf das Stiftsgut, verpfändete es jedoch, ohne Eigentümer zu sein. Ab 1576 bewohnte das Haus Friedrich Poppendiek, Bürgermeister von Hameln und Auftraggeber des Stiftsherrenhauses (siehe Punkt 23). Errichtet wurde der mit Schnitzereien verzierte Fachwerkbau im 16. Jahrhundert auf den Resten eines gotischen Gebäudes.

Das gegenüberliegende Eckgebäude Nr. 43 mit spitzem Giebel und kleinen Fenstern ist gotischen Ursprungs (um 1300) und wurde an der langgestreckten Seitenfront mit einer Fachwerkaufstockung (datiert 1516) umgebaut. Wechselt man abermals die Straßenseite, ist das Haus in der Bäckerstraße 21 an der Ecke zur Alten Marktstraße interessant. Laut einer Inschrift auf 1555 datierbar, weist es mit den hervorkragenden Geschossen und dem noch erkennbaren spitzbogigen Portal, hinter dem sich die Diele bis ins jetzige erste Obergeschoss erstreckte, gotische Merkmale auf. Nach dem Dreißigjährigen Krieg errichtete man die Utlucht, auf deren Giebel folgende Inschrift prangt: »FRIDE ERNERRET · VNFRIDE VERZERDT ANNO 1650«.

Bäckerstraße 43

[14] Münsterkirchhof

Von diesem Standort aus sind es nur wenige Schritte bis zum historischen Ursprung der Stadt rund um das Münster St. Bonifatius. Linker Hand, an der Rückwand des Wohnhauses Münsterkirchhof 2, ist ein sogenannter Peststein eingemauert, der sich ursprünglich an der Außenmauer des Münsters befand. Er zeigt die an der Pest verstorbene Patrizierin Katharina Vogedes (um 1535–1566), die 1561 in die angesehene Bürgermeisterfamilie des Johann Amelung eingeheiratet hatte. Sie kniet betend neben dem Kreuz, oberhalb der Bogenarchitektur blasen zwei Engel Posaune.

In der kleinen Gasse Am Beginenhof befand sich ab 1343 der »Beguinenhof«, ein städtisches Altersheim. Hier fanden Frauen Unterschlupf, die keine der ihnen im Mittelalter zugewiesenen Rollen einnehmen wollten: Ehefrau und Mutter oder Nonne. Ohne ein Gelübde ablegen zu müssen, lebten Beginen in wirt-

Anna von Rumschottel
Landadlige. Als 1525 die 15jährige Hohenzollernprinzessin Elisabeth den vierzig Jahre älteren Herzog Erich I. zu Braunschweig-Lüneburg heiratete, musste sie sich der Mätressenwirtschaft ihres Gatten stellen. Dieser unterhielt ein Verhältnis mit Anna von Rumschottel. Nachdem Elisabeths Versuch, ihre Nebenbuhlerin durch eine Geldzahlung zum Verzicht zu bewegen, erfolglos blieb, klagte sie diese der Hexerei an und ließ sie verfolgen. Angebliche Helferinnen der Rumschottel starben auf dem Scheiterhaufen, vermutlich 1532 in Hameln. Die Mätresse selbst entkam wahrscheinlich. Elisabeth erzwang im Verlaufe dieses Ehestreites ein einträglicheres Witwengut mit der Residenz Münden.

schaftlicher Unabhängigkeit ein christlich-andächtiges Leben in einer ordensähnlichen Gemeinschaft, die sie jederzeit auch wieder verlassen konnten.

Rund um die Münsterkirche befand sich bis in die zweite Hälfte des 18. Jahrhunderts der Friedhof der Stadt. Außerdem wurde der Kirchhof einst von Kurien, d.h. von Wohngebäuden der Stiftsherren, umsäumt. Auf die »Pfaffen« geht auch die Bezeichnung der Papenstraße, die am Kirchhof vorbeigeht, zurück. Das Wohnhaus am Münsterkirchhof 4, erbaut 1899, weist reichen Fassadenschmuck auf, darunter eine Plastik des Rattenfängers sowie mehrere Reliefs zur Sage.

Vor dem Gebäudeensemble steht der Lachsbrunnen. Geschaffen 1912, erinnert er an jene Zeiten, als man in der Weser noch Lachsfang betrieb. Bis Mitte des 20. Jahrhunderts sank das Lachsvorkommen durch den Bau von Schleusen, Wehren und Wasserkraftwerken sowie eine durch Industriebetriebe verschlechterte Wasserqualität praktisch auf null. Gegenüber dem Kirchenschiff versteckt sich im Schatten der Bäume ein Denkmal für den Hamelner Pastor Franz Georg Ferdinand Schläger.

Franz Georg Ferdinand Schläger
1781–1869, Theologe. Neben seiner Tätigkeit als Stadtpfarrer und Seelsorger prägte der 1822 nach Hameln gekommene Schläger durch sein gesellschaftliches Engagement das soziale und geistige Leben der Stadt. Als Anhänger eines Christentums im Zeichen der Aufklärung und im Glauben des Fortschritts sah er in der Erziehung des Menschen die Hauptaufgabe der Religion. So gab er eine Zeitung »zum Besten der Armen« heraus, begründete eine Sonntags- und eine Töchterschule, schuf die Hamelner Liedertafel, kümmerte sich um Blinde, Taubstumme und Obdachlose und regte die Gründung einer Turnanstalt und die Bildung einer Sparkasse an.

[15] Münster St. Bonifatius

9–18 Uhr, Nov. – März 10–17 Uhr;
***Turmaufstieg** möglich; **Führungen** Tel. 05158 864*

Die Geschichte des Hamelner Münsters geht ins frühe 9. Jahrhundert zurück, als der sächsische Graf Bernhard und seine Frau Christina auf ihrem Anwesen, unmittelbar am einzigen Weserübergang in dieser Gegend gelegen, eine Eigenkirche gründeten. Mit dem Tod des Amtsträgers im Jahre 826 fielen die Besitzungen an die Reichsabtei Fulda. Diese errichtete 851, vermutlich in der Nähe des heute nicht mehr genau zu verortenden Dorfes »Hamela« bzw. »Hamelon«, ein benediktinisches Nebenkloster. Im gleichen Jahr wurden ihm die Gebeine des heiligen Romanus von Caesarea übereignet; das Patrozinium St. Bonifatius setzte sich wohl erst im 13. Jahrhundert auf Betreiben des Fuldaer Mutterklosters, wo Bonifatius beigesetzt ist, durch.

Vermutlich bereits im 10. Jahrhundert wurde das Kloster in ein Kollegiatstift umgewandelt, d.h. die für die Gottesdienste zuständigen Stiftsherren lebten als Weltgeistliche an der Stiftskirche, ohne jedoch ein

Links: Lachsbrunnen auf dem Münsterkirchhof

Vizelin
um 1090–1154, Bischof. Der vermutlich in Hameln geborene Vizelin befasste sich in Frankreich mit Theologie. Norbert von Xanten weihte ihn 1126 in Magdeburg zum Priester. Daraufhin wurde Vizelin vom Erzbischof Adalbero als Missionar zu den slawischen Wenden in Holstein gesandt. Dort begründete er die Stifte Neumünster und Segeberg. 1149 wurde Vizelin Bischof von Oldenburg in Holstein. Die letzten beiden Lebensjahre war er durch einen schweren Schlaganfall gelähmt. Nach seinem Tod wurde er als Heiliger verehrt. Seine Gebeine wurden in der Reformationszeit beseitigt. Vizelin ging in die Kirchengeschichte als »Apostel der Slawen« ein.

Gelübde ablegen zu müssen oder wie Mönche dauerhaft an das Stift gebunden zu sein. 1259 verkaufte der Abt von Fulda die Oberhoheit über Hameln und das Stift an den Bischof von Minden. Dagegen setzte sich die Hamelner Bürgerschaft zur Wehr, doch im Folgejahr unterlag das städtische Heer dem Bischof in der Schlacht von Sedemünde. Weitere Auseinandersetzungen führten 1268 zur Übernahme der Vogtei durch Herzog Albrecht I. von Braunschweig, der Hameln wieder mit den althergebrachten Freiheiten und Rechten ausstattete.

Obwohl 1540 die erste evangelische Predigt im Münster gehalten und die Reformation in der Marktkirche durchgesetzt wurde, blieb das Stift bis 1578 katholisch. Erst dann entfernte man die mittelalterliche Ausstattung wie Lettner, Bilder und Nebenaltäre; Kanzel und Altar rückten in den Vordergrund. Im 18. Jahrhundert setzte der Verfall der Stätte ein: 1760 fiel der südlich des Münsters gelegene Kreuzgang dem Ausbau der Hamelner Festung zum Opfer. Unter Napoleon wurde die säkularisierte Kirche, in der 1782 der letzte Gottesdienst stattgefunden hatte, als Pferdestall und Warenlager zweckentfremdet. Die formelle Aufhebung des Stiftes datiert aus dem Jahr 1848. Maßgeblich dem Betreiben von Pfarrer Schläger war es zu verdanken, dass das verfallene Münster St. Bonifatius ab 1870 durch den Baumeister Conrad Wilhelm Hase einer umfassenden Restaurierung unterzogen wurde. Fünf Jahre später fanden wieder evangelisch-lutherische Gottesdienste statt.

Das heutige Bauwerk bewahrt verschiedene Spuren dieser wechselvollen Epochen. Während das Querhaus samt achteckigem Vierungs- sowie der rechteckige Westturm romanischen Ursprungs sind, präsentiert sich das dreischiffige Langhaus im gotischen Gewand. Veränderungen im Stil der Neoromanik bzw. Neogotik, vor allem an der Nordseite, gehen auf den Umbau unter Hase zurück. Über das der Stadt zugewandte Portal betritt man die Kirche und erblickt zwischen den ungleich breiten Seitenschiffen den hochgelegenen Chor. Darunter ist mit der Krypta, die bis heute das ursprüngliche Romanus-Patrozinium trägt, die Keimzelle des Münsters zu bewundern (11. Jahrhundert). Zu den sehenswerten Ausstattungsstücken des Münsters zählen u.a. das Sakramentshaus (um 1270/80) im Hohen Chor, ein Sandsteinrelief der Mondsichelmadonna (um 1400) sowie der dreiarmige Schusteramts-

Blick in die Krypta

Blick vom Münster

leuchter aus Messing (1490) und mehrere Grabsteine. Der Stifterstein am Vierungspfeiler rechts neben dem Chor, geschaffen im ausgehenden 14. Jahrhundert, zeigt das legendäre gräfliche Gründerpaar mit einem Modell der Kirche.

[16] Entlang der Weser

***Fahrgastschifffahrt »Flotte Weser«** Information und Buchung Tel. 05151 93 99 99*

An dieser Stelle im Süden der Hamelner Innenstadt angelangt, bietet sich ein kleiner Spaziergang auf der Weserpromenade an. Umsicht ist jedoch geboten: die vielbefahrene Promenade ist Teil des beliebten »Weser-Radweges«!

Linker Hand passiert man das weitläufige Gelände des »Stockhofes«. Als die Strafanstalt ab 1827 errichtet wurde, behielt man den Namen eines Vorgängerbaus bei, in dem die Sträflinge »an den Stock gelegt«, d.h. mit Ketten an Pfosten geschlossen worden. In dem modernen »Karrengefängnis« sollten die Gefangenen nicht nur angekettet sein, sondern verschiedene Arbeiten erledigen, während derer sie an einer Karre angekettet blieben. 1933–1945 diente die heute als Hotel genutzte Anlage den Nationalsozialisten als Zuchthaus;

Stifterstein im Münster

Im Jahre 1884, anlässlich des ***600-jährigen Jubiläums*** *des Auszugs der Kinder von Hameln, wurde erstmals ein großes, überregional wahrgenommenes Fest in Hameln gefeiert. Gefördert durch den Anschluss an das Eisenbahnnetz sowie Dampfschifffahrten auf der Weser entwickelte sich Hamelns Fremdenverkehr im ausgehenden 19. Jahrhundert rapide. Die 650-jährige Jubiläumsfeier fand 1934 statt, bei der die Nationalsozialisten in der von Hakenkreuzfahnen übersäten Stadt die Bedeutung dieser wichtigen »deutschen« Sage propagandistisch in Szene setzten.*

1945–1949 als Hinrichtungsort der britischen Besatzungsmacht für Kriegsverbrecher.

In der Weser, die durch den Zusammenfluss von Werra und Fulda entsteht, zieht die fast zehn Meter hohe »Tanzende Weserratte« die Blicke auf sich. Als Erlös des Rattenfestivals wurde die Edelstahl-Skulptur im Oktober 2009 installiert.

Durch den Aufstieg der Hanse, in der Hameln von 1426 bis 1572 Mitglied war, entwickelte sich auf der Weser eine regelmäßige Handelsschifffahrt. Allerdings führten Differenzen zwischen den an die Weser grenzenden Ländern, verschiedene Stapelrechte und eine allgemeine Wirtschaftsflaute im 17. Jahrhundert zur Verwahrlosung des Flussbettes. Hinzu kamen natürliche Unwägbarkeiten wie das »Hamelner Loch«. Seit Gründung der Vereinten Weser-Dampfschifffahrt 1842 in Hameln etablierte sich zwar eine allgemeine Personenschifffahrt, aber es dauerte bis in die 1880er Jahre, beflügelt durch das 600-jährige Jubiläum des Kinderauszugs, das sich nennenswerter Fremdenverkehr im Weserbergland entwickelte. Heute heißt es »Leinen los!« bei den Schiffen der »Flotten Weser«, die z.B. Fahrten durch das Weserbergland oder in die Münchhausen-Stadt Bodenwerder anbietet.

Auf dem Weg zurück in die Innenstadt kommt man an der »Rattenfänger-Halle« vorbei. In der Mehrzweckhalle finden seit 1988 sportliche und kulturelle Veranstaltungen sowie Tagungen, Märkte und Messen statt.

[17] Hugenottenhaus und Salzburg

Nach Überquerung des Münsterwalls führt die Bäckerstraße in die Altstadt zurück. Das klassizistische Gebäude rechter Hand, an dem sich Reste der einstigen Stadtmauer erhalten haben, beherbergte einst das Amtshaus hugenottischer Pastoren. Ihre 1699 errichtete Kirche schloss sich unmittelbar daneben an. Durch ein herzogliches Dekret von 1690 hatten sich zuvor mehrere hundert französische Glaubensflüchtlinge in Hameln angesiedelt, ihre Gemeinde bestand bis 1854. 1973 wurde die Hugenottenkirche, die zwischenzeitlich als Lagerraum und Turnhalle zweckentfremdet wurde, aufgrund mangelnder Nutzung abgerissen. Die nach wenigen Schritten von der Bäckerstraße abzweigende Straße Kopmanshof wurde erst in den 1970er Jahren im Zuge der umfassenden Altstadtsanierung angelegt. Dabei wurden Oster- und Bäckerstraße als Fußgängerzone aufgewertet, sodass sie einen alternativen Zufahrts- und Lieferweg benötigten. Vom Kopmanshof zweigt die Großehofstraße ab, an deren Gabelung zur Platzstraße sich ein weiteres Gebäude für Glaubensflüchtlinge befindet: die Salzburg. 1731 waren aufgrund eines Ausweisungserlasses rund 20 000 protestantische Exulanten aus dem katholischen Fürsterzbistum Salzburg geflohen – für einige von ihnen ließ der Rat der Stadt Hameln vier Jahre später dieses Gebäude errichten.

Elsa Buchwitz
1929–1997, Politikerin und Gastronomin. Vor allem dem Enthusiasmus von Elsa Buchwitz ist es zu verdanken, dass große Teile der Altstadt Hamelns erhalten geblieben sind. Lange Zeit in der Großehofstraße 31/32 wohnhaft, engagierte sie sich seit 1968 in der »Vereinigung Hamelner Bürger zur Erhaltung ihrer Altstadt«. Die Bürgerinitiative kämpfte erfolgreich gegen den geplanten Abriss sowie modernen Neubau mittels Flächensanierung und für eine Altstadterhaltung durch Objektsanierung. Aufgrund ihres Einsatzes erhielt die »Trümmer-Elsa« 1984 das Bundesverdienstkreuz und zwei Jahre später vom Deutschen Nationalkomitee für Denkmalschutz die »Silberne Halbkugel«.

Friedrich Wilhelm von Reden
1752–1815, Oberberghauptmann und Staatsminister. Der gebürtige Hamelner gilt als »Begründer des schlesischen Bergbaus«. Durch umfassende Reformen belebte von Reden ab 1779 das darniederliegende Bergbau- und Hüttenwesen in Schlesien wieder. So modernisierte er die Verwaltungsstruktur, förderte den Bleierz- und den Steinkohlebergbau, verbesserte das Transportwesen und führte Dampfmaschine und Kokshochofen ein. Ab 1802 als preußischer Oberberghauptmann und Staatsminister tätig, wurde von Reden 1807 aus dem Dienst entlassen, da er auf Napoleon den Treueeid leistete.

[18] Kurie Jerusalem

Die Platzstraße führt zur Alten Marktstraße, in der sich linker Hand, etwas zurückversetzt, die Kurie Jerusalem erhebt. Die Umwandlung des Hamelner Benediktinerklosters in ein Kollegiatstift erlaubte es seinen Stiftsherren, auch außerhalb des eigentlichen Stiftsbezirks zu wohnen. Solch ein Wohnhaus lag hier, an der Alten Marktstraße (heute Nr. 20), und trug den biblischen Namen »Kurie Jerusalem«. Das heute so bezeichnete Bauwerk war ursprünglich jedoch kein Wohn- sondern ein zum Anwesen gehörendes Speichergebäude. Es entstand in stattlicher Fachwerkkonstruktion, dessen Gefache mit Klinkern ausgefüllt sind, um 1500 im gotischen Stil. Seit ihrer umfassenden Instandsetzung 1976 beherbergt die Kurie Jerusalem die kommunale Einrichtung »Das Kinderspielhaus«.

[19] Alte Marktstraße

Als Marktort hatte sich Hameln schnell entwickelt. Östlich des Stiftsbezirkes entstand, im Sinne einer »Neustadt«, der »Neue Markt«, der sich von der Alten bis zur Neuen Marktstraße erstreckte. Ein Stadtplan von 1761 verwendet dafür die heute ungewöhnliche

Bezeichnung »Das Alte Neue Markt«, vermutlich um dessen Geschichte nicht zu schmählern.

Abseits vom geschäftigen Treiben der Fußgängerzone laden die liebevoll restaurierten Häuser in der Alten Marktstraße zum ruhigen Betrachten vieler kleiner Details ein. Am imposanten Gebäude Nr. 16 auf der rechten Straßenseite finden sich über der Inschrift schöne, farbig gefasste Halbkreisornamente. Schräg gegenüber (Nr. 34) verweist das charakteristische große Dielentor auf ein sogenanntes Durchgangsdielenhaus, erbaut 1740. Zurück auf der anderen Straßenseite findet sich ein Wohngebäude von 1541 (Nr. 9). Die vorgebaute Utlucht kam erst 1619 hinzu; die damaligen Besitzer Albrecht Ebel und Sophia Timmermans ließen auch ihre beiden Wappen anbringen. Das Nachbargebäude Nr. 8 stammt ebenfalls aus der Mitte des 16. Jahrhunderts.

Die Vergangenheit des Bauwerkes in der Marktstraße 40 ist heute kaum noch zu erahnen. 1328 wollten sich Augustiner-Bettelmönche in Hameln niederlassen, gegen deren Ansiedlung sich jedoch Stadt und Stift mehrere Jahrzehnte einsetzten – erst der Papst entschied zu ihren Gunsten. Die dem Heiligen Jodok geweihte Kapelle wurde nach der Reformation zu einem evangelischen Pfarrhaus umgebaut. 1919 bezogen die städtische Bücherei sowie ein Kindergarten, damals noch »Warteschule« genannt, die historischen Gemäuer.

Alte Marktstraße 8/9

[20] Redenhof

An der Biegung der Alten Marktstraße befindet sich der letzte erhaltene Hamelner Adelshof. Im Jahr 1568 erwarb Ernst von Reden (um 1529–1589) »dat hus, Hoff, Wordt und beventhe mitt allen synen thobehorigen gerechtigkeiten«, erweiterte das Anwesen und umgab es mit einer Mauer; auch ein Teil der Stadtmauer diente als Umfriedung. Trotz zahlreicher baulicher Veränderungen im Laufe der Jahrhunderte vermittelt der Redenhof, der sich deutlich von der umliegenden bürgerlichen Bebauung abhebt, ein anschauliches Bild eines Adelshofes. Er dient bis heute als Wohnsitz des Adelsgeschlechtes derer von Reden, das im 12. Jahrhundert erstmals urkundlich erwähnt wurde und dessen gleichnamiger Stammsitz heute ein Ortsteil der Stadt Pattensen bei Hannover ist. Bekannte Familienmitglieder waren u.a. Sybille Wilhelmine von Reden (1689–1741), deren Sohn als »Lügenbaron« von Münchhausen in die Geschichte einging, und Friedrich Wilhelm von Reden.

Von der Alten Marktstraße kommend, erblickt man zunächst ein imposantes Wirtschaftsgebäude aus Bruchsteinen, dessen Dach drei Schleppgauben-

reihen enthält. Es wurde nach einem Brand 1830 neu als Scheune errichtet und dient heute Wohnzwecken. Parallel versetzt und mit einem Tor verbunden, schließt sich das einstige Wohnhaus des Redenhofes an: Der niedrigere langgestreckte Bau stammt vermutlich aus der Zeit um 1530, während der hintere, turmartige Gebäudeteil später unter Ernst von Reden erbaut wurde. Während sich in Letzterem, dem Wohnbau, Saal, Stube und Schlafkammer befanden, waren im Mittelbau die Diele und in dem älteren, vorderen Gebäudeteil Wirtschaftsräume wie Küche und Fleischkeller untergebracht. Der verputzte Bruchsteinbau besaß kaum Bauzierde. Ob dies daran lag, dass die selbstbewusste Hamelner Bürgerschaft keinen Spielraum für aristokratische Selbstdarstellung erlaubte und eigens für den Adel strikte Bauvorschriften erließ? Auf dem Hof befanden sich neben mehreren Ställen ein »Herren- und Fremdenstall«, Remisen sowie Schlacht-, Wäsche- und Brauhaus. Prominenter Bewohner des Redenhofes war während seiner Hamelner Schulzeit der Schriftsteller Ernst Jünger.

In die Großehofstraße, die am hinteren Gebäudetrakt ihren Lauf nimmt, sollte man ruhig einen Blick werfen: hier reihen sich idyllische Wohnhäuser aneinander.

Ernst Jünger
1895–1998, Schriftsteller. 1912 wurde Jünger von seinen Eltern auf die Reformschule, das heutige Schiller-Gymnasium, nach Hameln geschickt, um sich auf das Abitur vorzubereiten. Anstatt dem Unterricht zu folgen, las Jünger lieber Abenteuerromane und träumte von weiten Reisen. Im November 1913 kehrte er Hameln den Rücken und heuerte bei der Fremdenlegion an. Später erlangte Jünger durch seine Tagebücher, Essays und Romane, in denen er oft auch Bezug auf seine Hamelner Zeit nahm, große Bekanntheit.

Großehofstraße

Alte Feuerwache

[21] Neue Marktstraße und Kleine Straße

Unmittelbar an den Redenhof grenzte mit dem Kiepehof ein weiterer Adelssitz. 1971 abgebrochen, erinnern an ihn heute nur noch die beiden Wappensteine über der Toreinfahrt der Alten Feuerwache (Alte Marktstraße 7), die seit 2013 als Wohnhaus genutzt wird. Die »Alte« mündet in die Neue Marktstraße, in die man linker Hand einbiegt. Durch diese Fachwerkgasse laufend, erreicht man ein barockes Steingebäude mit auffälligem Eingang und Mansarddach (Nr. 13, siehe rechtes Foto). Seit im April 1939 vom nationalsozialistischen Regime die Isolierung der jüdischen Bevölkerung »gesetzlich« vorgeschrieben wurde, sollten in den Städten »Judenhäuser« geschaffen werden. Bereits im Sommer 1940 waren die Hamelner »Judenhäuser« belegt, eines befand sich hier im Gebäude Nr. 13.

Gegenüber beginnt die Kleine Straße, die Mitte des 14. Jahrhunderts erstmals als »Luttekestrate« erwähnt wurde. Dass sich ihr romantisches Flair bis heute erhalten konnte, ist nicht selbstverständlich – schließlich sah die Flächensanierung der Hamelner Altstadt in den 1970er Jahren ihren Komplettabriss vor. Im 18. Jahrhundert nannte man die Straße auch »Franzosen-

Neue Marktstraße 23

Neue Marktstraße 13

straße«, da in mehreren Anwesen hugenottische Glaubensflüchtlinge wohnten. Am Ausgang der Kleinen Straße erreicht man mit der Osterstraße eine der beliebtesten Hamelner Flaniermeilen.

[22] »Siebenlinge-Stein«

Bevor man die Osterstraße stadtauswärts entlang läuft, gilt die Aufmerksamkeit jenem Teil des Pferdemarktes, auf dem sich im Schatten der Marktkirche die Skulptur »Die Öffnung des Eisernen Vorhangs« befindet. Wie eine Litfaßsäule anmutend, erinnert sie an den Fall der innerdeutschen Grenze und wurde 1992 von dem Bildhauer Wolfgang Dreysse geschaffen. Dahinter erhebt sich am Pferdemarkt 10 eines der ältesten erhaltenen Fachwerkhäuser von Hameln, erbaut im Jahre 1500 und 1548 um ein Seitengebäude in der Emmernstraße erweitert. In Hameln einzigartig ist der farbige Treppenfries am Schwellbalken des zweiten Obergeschosses.

Das Haus Osterstraße 3 bewohnte seit 1582 ein gewisser Thiele Römer mit seiner Ehefrau Anna Breyer. Im Januar des Jahres 1600 soll die Frau Siebenlinge

Justus von Kiepe
1588–1664, Jurist und Diplomat. Kiepe arbeitete als Jurist in seiner Heimatstadt Hameln. Aufgrund seines Verhandlungsgeschicks entgingen die Mitglieder des Hamelner Rates, die einer Verschwörung gegen kaiserlich-katholische Truppen angeklagt waren, im Dreißigjährigen Krieg ihrer Hinrichtung. 1627 wurde Kiepe herzoglicher Hofrat für das Haus Braunschweig-Lüneburg. 1641 wurde er, mittlerweile in den Reichsadelsstand erhoben, Kanzler des Fürstentums Calenberg.

Pferdemarkt

zur Welt gebracht haben, die jedoch wenige Tage später verstarben. Ihr Epitaph befand sich ehemals an der Südwand des Münsterkirchhofs und zeigte inmitten der betenden Familie – Vater, Mutter, zwei Söhne und drei Töchter – sieben Wickelkinder. Die ursprüngliche, verloren gegangene Grabinschrift sprach wohl noch von »zwey Knäbelein und zwey Mägdlein«. Eine neue Inschriftentafel übernahm 1818 den in Abschriften überlieferten Text, nur wurden aus den Kindern »zwey Knäbelein und fünf Mädelein«, wie eben auf dem Epitaph abgebildet. Auch wenn die Stadtchronik die spektakuläre Mehrlingsgeburt nicht erwähnt, sprach man seither vom »Siebenlinge-Stein«. Der erhaltene Bildteil ist heute im Stadtmuseum untergebracht, eine Kopie davon sieht man an der Rückfront der Marktkirche.

»Siebenlinge-Stein«

[23] Stiftsherrenhaus

***Museumscafé** 9–18 Uhr, Tel. 05151 21 553*

Aus der Osterstraße hebt sich das sogenannte Stiftsherrenhaus mit seinen prächtigen Verzierungen und dem imposanten Dach, dessen Traufseite ungewöhnlicherweise zur Straße ausgerichtet ist, besonders aus der Häuserfront ab. Seine erst später gebräuchliche Namensgebung ist irreführend, da das Gebäude nicht von Stiftsherren des Bonifatiusstiftes bewohnt wurde, sondern vom Bürgermeister und langjährigen Hamelner Ratsmitglied Friedrich Poppendiek. Allerdings erweckte der überaus reiche Bildschmuck der Fassade den Eindruck eines kirchlichen Bauherrn. Tatsächlich zeigen die Schnitzereien und verzierten Knaggen zahlreiche biblische Bildmotive – beispielsweise über dem ersten Obergeschoss Szenen und Figuren aus dem Alten Testament, über dem Erdgeschoss Christus und die Apostel. Weitere Motive versinnbildlichen antike Planetengötter und Groteskmasken. Diese figürlichen Darstellungen an einem Fachwerkhaus der Renaissance, speziell der Weserrenaissance, sind in Hameln einzigartig.

Detail am Stiftsherrenhaus

Errichtet im Jahr 1558, weist das Gebäude aber auch noch gotische Stilmerkmale wie die vorkragenden Stockwerke auf. Vor dem Eingangsbereich befindet sich eine kleine Plattform mit zwei Beischlagsteinen. Das Stiftsherrenhaus beherbergt das Museumscafé sowie in den oberen Etagen einen Teil des Hamelner Stadtmuseums. Durch eine Brücke ist es mit dem benachbarten Leisthaus verbunden.

[24] Leisthaus

Museum Hameln *Di – So 11–18 Uhr*

Im Leisthaus befindet sich der Eingangsbereich zum Museum der Stadt Hameln – während der Öffnungszeiten ist der davor postierte »Rattenfänger« nicht zu übersehen. Auch die von Bernhard Kleinhans geschaffene Skulptur »Die Neugierige« blickt erwartungsvoll in Richtung des Leisthauses. 1912 eröffnet, laden seit 2011 eine neu konzipierte Dauerausstellung sowie wechselnde Sonderausstellungen die Besucher dazu ein, anhand von mehr als 1000 Ausstellungsstücken die Geschichte der Weserstadt kennenzulernen. Im Mittelpunkt stehen natürlich die vielen Facetten der Rattenfängersage, neben Originalobjekten aus mehreren Jahrhunderten veranschaulicht durch Bücher, Filme und Musik sowie ein originelles, mechanisch inszeniertes Rattenfängertheater.

Der Patrizier Gerd Leist ließ das Gebäude 1585–1589 durch den Baumeister Cord Tönnis errichten. Als anschauliches Beispiel der Weserrenaissance zieren das Gebäude Säulen, Gesimse und Beschlagwerk. Einmalig in der Region ist hingegen die Bemalung der Fassade mit einer Ziegelsteinstruktur, die erst bei der Restaurierung des Leisthauses entdeckt und imitiert wurde. An der Spitze des Volutengiebels, der mit mehreren Obelisken versehen ist, prangt ein vergoldeter »Neidkopf«. Solche fratzenhafte Köpfe sollten nach altem Volksglauben Unheil und böse Mächte fernhalten. Aufwendig geschmückt ist auch die linksseitige Utlucht mit einer vollplastischen Lukretia-Figur und einem Brüstungsfries mit der Darstellung der Kardinaltugenden.

»Die Neugierige«

Die Rattenfängersage der Brüder Grimm
1806 begannen die Brüder Jacob (1785–1863) und Wilhelm Grimm (1786 bis 1859) mit dem Sammeln von Märchen und Sagen, die sie nach mündlich überlieferten Geschichten zusammentrugen und bearbeiteten. Während Sagen einen historischen Kern besitzen, der zudem lokalisierbar ist, werden Märchen meist nicht geglaubt und sind nicht zeitlich oder örtlich gebunden. Ihr zweibändiges Werk »Deutsche Sagen« erschien 1816 und 1818. Darin befand sich u.a. die Sage über »Die Kinder zu Hameln« (Nr. 245), mit der die Brüder Grimm Hameln in der ganzen Welt bekannt machten. Ihre Werke zählen heute zum Weltdokumente-Erbe der UNESCO.

[25] Osterstraße

Ein weiterer Neidkopf befindet sich am Gebäude in der Osterstraße 12. Der streng symmetrische Bau mit zwei Utluchten wurde 1576 für den Ratsherrn Jost Rike erbaut. Weitaus jüngeren Datums, aus dem ausgehenden 19. Jahrhundert, ist das einstige Postamt (Osterstraße 15/16) von Hameln, das die »DeWeZet« (Deister- und Weserzeitung) beherbergt. Architekt Hubert Stier nahm mit mehreren Details am Bauwerk Bezug auf den Stil der Weserrenaissance, etwa mit den Zwerchhäusern oder der Utlucht. Seit 2001

Rechts:
neuer Rattenfängerbrunnen

verschönert der neue Rattenfängerbrunnen – der alte befindet sich vor dem Rathaus – die Flaniermeile Osterstraße. Ihr Name geht übrigens auf die Ausrichtung gen Osten zurück, Mitte des 14. Jahrhunderts wurde sie erstmals als »platea orientalis« erwähnt. Aus dem 16. Jahrhundert datiert das Gebäude Osterstraße 18. In den 1980er Jahren wurde das sehenswerte Fachwerk samt Schnitzereien wieder ans Licht gebracht.

Durch das einst am Ausgang der Osterstraße gelegene Ostertor, das 1272 erstmals erwähnt wurde, verließ der Sage nach wenige Jahre später der Rattenfänger und mit ihm die zahlreiche Kinderschar die Stadt Hameln. An einen unbekannten Ort – häufig als Kalvarienstätte des Galgenberges vor den Toren der Stadt gedeutet – verbracht, wurden sie selbst von ihren herbeieilenden Müttern nie wieder aufgefunden. Der Pfeifer und die Kinder kamen aus der kleinen, rechts abzweigenden Gasse, die seit vielen Jahrhunderten Bungelosenstraße heißt: »Bunge« ist ein alter Begriff für Trommel, und zur Erinnerung an die traurigen Geschehnisse des sagenumwobenen Jahres 1284 durfte »kein Tanz darin geschehen noch Saitenspiel gerührt werden«.

POSTAMT

[26] Rattenfängerhaus

Gaststätte *11–22 Uhr, Tel. 05151 38 88*

Das Rattenfängerhaus zu Hameln ist eines der berühmtesten Häuser der Weserstadt. An seiner Fassade zur schmalen Bungelosenstraße befindet sich, leicht zu übersehen und von unten schwer lesbar, die wohl berühmteste Hamelner Inschrift, oberhalb versehen mit kunstvoller Ornamentik im Beschlagwerkstil. Sie thematisiert den Auszug des Rattenfängers mit den 130 Kindern: »ANNO 1284 AM DAGE JOHANNIS ET PAULI WAR DER 26 JUNII DORCH EINEN PIPER MIT ALLERLEI FARVE BEKLEDET GEWESEN CXXX KINDER VERLEDET BINNEN HAMELEN GEBON TO CALVARIE BI DEN KOPPEN VERLOREN«. Erst um die Wende vom 19. zum 20. Jahrhundert führte diese Aufschrift dazu, das heute weltweit bekannte Bauwerk als »Rattenfängerhaus« zu bezeichnen.

Erbaut wurde das Wohnhaus durch das Ratsmitglied Hermann Arendes 1602/3. Da er Baumeister war, ist es nicht unwahrscheinlich, dass er das Gebäude selbst entwarf. Der Baustil der Weserrenaissance manifestiert sich auch hier durch die Werksteingliederung der Fassade, den reich geschmückten Volutengiebel sowie das Rundbogenportal und die zweistöckige Utlucht. Letztere besaß zur Erbauungszeit, anstelle des heutigen Balkons, einen dekorativen Giebel.

Das gleichnamige Restaurant, ausgestattet mit zahlreichen Schnitzereien, Bildern und Gemälden zur Sage, bietet an dieser historischen Stelle solch »schaurige« Köstlichkeiten wie »flambierte Rattenschwänze«, »Rattenfängerschmaus« und den Likör »Rattenkiller« an.

Erste Hinweise auf den Kinderauszug finden sich in Stadt- und Meßbüchern des 14. Jahrhunderts, die älteste Prosafassung datiert aus dem 15. Jahrhundert. Zeitgleich entstanden weitere »Quellen«, darunter Haus-Inschriften oder bildliche Darstellungen wie z.B. ein Kirchenfenster in St. Nicolai (restauriert 1572). Neben der Sage nach den Gebrüdern Grimm gibt es bis heute zahlreiche ***Adaptionen des Kinderauszugs von Hameln:*** *u.a. Gedichte von Goethe und Brecht, eine Novelle von Wilhelm Raabe (1863), einen Märchenstummfilm von Paul Wegener (1918), ein Theaterstück von Carl Zuckmayer (1974) oder das Lied und gleichnamige Musikalbum des Sängers Hannes Wader (1974).*

[27] Garnisonkirche

Nach den unruhigen Zeiten des Dreißigjährigen Krieges begann noch im 17. Jahrhundert der Ausbau Hamelns zur welfischen Landesfestung, und alsbald war in der Stadt eine rund 2000 Mann starke Garnison stationiert. Das Militär samt Angehörigen nutzte für seine kirchlichen Feiern zunächst die Stadtkirche, ab 1670 durfte die Kapelle des hier am Rande der Stadt befindlichen Heiliggeistspitals genutzt werden.

Philipp Spitta d.Ä.
1801–1859, Theologe und Dichter. Spitta, in Hannover geboren, kam 1830 an die Garnisonkirche. Nach jahrelangem theologischen Streit mit Schläger, dem Hauptpastor in Hameln, über die Auslegung der Heiligen Schrift übernahm er 1837 eine Pfarrstelle in Wechold bei Hoya. Bekanntheit erlangte Spitta durch seine Liederdichtungen im Geiste der lutherischen Erweckungsbewegung. Einige seiner Texte, die er oft auf bekannte Melodien dichtete, finden bis heute Aufnahme in Kirchengesangsbücher.

Rasch zu klein geworden, erfolgte 1712–1714 der Neubau der Garnisonkirche im norddeutschen Barockstil mit profilierten Segmentbogenfenstern und kräftigen Strebepfeilern. Bis 1842 diente sie der Garnison Hameln als Gotteshaus, in dem u.a. Philipp Spitta d.Ä. als Prediger und Gefängnisseelsorger wirkte.

Als ab 1875 wieder evangelische Gottesdienste im restaurierten Münster stattfanden, stand sogar ein Verkauf der Garnisonkirche an die jüdische Gemeinde Hamelns zur Debatte – aus unklaren Gründen kam es jedoch nicht dazu. Stattdessen wurde 1879 in der Bürenstraße ein Synagogenneubau geweiht, der im November 1938 zerstört wurde.

Die ehemalige Garnisonkirche nutzt seit 1929 die Stadtsparkasse. Wegen des kupfernen Dachreiters wird das Gebäude bei den Einheimischen auch als »Grüner Reiter« bezeichnet. An der Kirche erinnert ein Grabstein an die 1740 verstorbene Sara la Bachellé aus der Hamelner Hugenottengemeinde sowie eine Tafel als vermutlich ältestes städtisches Kriegerdenkmal an die Rückkehr des Hamelner Landwehrbataillons von der Schlacht bei Waterloo 1815.

[28] Bürgergarten und Rattenfängerbrunnen

Touristinformation *Mo – Fr 9–18 Uhr, Sa 9.30–15 Uhr (Okt. – Apr. bis 13 Uhr), So 9.30–13 Uhr (Apr. – Okt./Advent)*
Kunstkreis Hameln *Di – Sa 10–13 Uhr, So 11–14 Uhr*

Anschließend verlässt man die Altstadt Hamelns und erreicht durch den Fußgängertunnel unterhalb von Kastanien- und Osterwall die Grünanlage »Bürgergarten«, die ehemals als Exerzierplatz und bis 1961 als Stadion genutzt wurde. Davor befindet sich das touristische Informationszentrum der Stadt und des umliegenden Weserberglandes. Vorbei an den Räumlichkeiten des nichtkommerziellen Lokalrundfunksenders »radio aktiv e.V.« gelangt man durch den Bürgergarten zum Weserberglandzentrum. Im Mittelpunkt dieses Veranstaltungsortes befindet sich das 1951/52 erbaute Theater Hameln, das mit Oper, Schauspiel und Ballett sowie Konzert- und Musicalaufführungen ein reichhaltiges Kulturangebot bietet. Gegenüber laden Ausstellungen aus den Bereichen Malerei, Grafik, Plastik und Kunsthandwerk in das 1957 eröffnete Rolf-Flemes-Haus. Den Abschluss des Rundgangs bildet der alte Rattenfängerbrunnen vor dem Rathaus, 1975 geschaffen von dem Bildhauer Karl-Ulrich Nuss.

Julius Wolff
1834–1910, Schriftsteller. Geboren in Quedlinburg, übernahm Wolff nach dem Studium der Philosophie und Wirtschaftswissenschaften bis 1869 die väterliche Tuchfabrik. Ab 1872 war er als freier Schriftsteller in Berlin tätig. Sein umfangreiches Werk ist heute weitgehend in Vergessenheit geraten. Trotz der spöttischen Bezeichnung als »Butzenscheibendichter« für seine altertümelnden Verserzählungen gehörte Wolff im 19. Jahrhundert zu den Publikumslieblingen. Für seine Roman-Adaption »Der Rattenfänger von Hameln« wurde er 1884 Ehrenbürger Hamelns. 1910 erhielt Wolff diese Auszeichnung ebenfalls von seiner Geburtsstadt.

Empfehlungen

Klütberg

***Restaurant »Forsthaus«** Tel. 05151 62 169, März – Dez. Di – So ab 11 Uhr, Jan./Feb. Fr – So ab 11 Uhr*
***Georgsturm** Apr. – Okt. 9–18 Uhr*

Als Hameln zur Landesfestung ausgebaut wurde, verstärkte man nicht nur Stadtmauern und -gräben, sondern bezog auch den Klütberg am gegenüberliegenden Weserufer ein. Ab 1760 errichtete man dort mehrere Forts, die Hameln den Ruf einer uneinnehmbaren Stadt, eines »Gibraltar des Nordens«, einbrachten. Heute ist der Klütberg ein beliebtes Ausflugsziel. Mitten im Stadtwald lädt das Forsthaus Finkenborn mit zünftigem Essen sowie einem Hochseilgarten, Kinderspielplatz und Ausblick auf das Wildgehege zum Verweilen ein. Vom Georgsturm auf der Bergkuppe bietet sich ein wunderschöner Blick über Hameln und das Weserbergland.

Hefehof

*HefeHof, 31785 Hameln; **Museum der Hamelner Automobilgeschichte** Tel. 05151 57 850; **Druckereimuseum** Tel. 05151 20 01 11, jeweils Fr 15–18 Uhr, Sa 11–16 Uhr und nach Vereinbarung*

Das heute unter Denkmalschutz stehende Industriegebäude wurde 1889/90 von dem Architekten August Lingemann als Zuckerfabrik errichtet. Anfang des 20. Jahrhunderts wurde das Gelände umfunktioniert, und die »Nord-West-Deutsche Hefe- und Spritwerke Hameln A.G.« begann mit der Produktion von Backhefe. Heute sind in dem Einkaufs- und Gewerbezentrum auch das Automobil- und Druckereimuseum von Hameln beheimatet.

Stift Fischbeck

*Stiftstraße, 31840 Hessisch Oldendorf, Tel. 05152 86 03, Ostern – Okt. Di – Sa 10–14 Uhr, **Führungen** 14.30 Uhr*

Das Kanonissenstift Fischbeck, rund sechs Kilometer von Hameln entfernt, wurde im Jahre 955 gegründet. Als reichsunmittelbares Stift stand es jahrhundertelang unter dem Schutz von Kaiser und Papst und blieb, auch nach Einführung der Reformation 1559, bis heute ein Damenstift. Der romanische Kirchenbau stammt aus dem 12. und 13. Jahrhundert und besitzt einen einzigartig erhaltenen Kreuzgang. Zu den herausragenden Ausstattungsstücken der Stiftskirche gehören ein Wandteppich von 1583, der die Gründungslegende des Stiftes darstellt, sowie ein hölzernes Triumphkreuz aus der Mitte des 13. Jahrhunderts. Im Stiftsbezirk haben sich außerdem viele Wohn- und Wirtschaftsgebäude des 18. und 19. Jahrhunderts erhalten.

Schloss Hämelschenburg

Schlossstraße 1, 31860 Emmerthal, Tel. 05155 951 690,
***Führungen** Apr./Okt. Di – So 11, 12, 14, 15 und 16 Uhr,*
Mai – Sept. zusätzlich 10 und 17 Uhr,
***Marienkirche** Sa/So 15–17 Uhr*

Schloss Hämelschenburg im Süden von Hameln gilt als Meisterwerk der Weserrenaissance. Nachdem die vorherige Burg aus dem frühen 15. Jahrhundert durch eine Fehde und ihr Neubau durch einen Brand zerstört wurde, ließ die Ritterfamilie von Klencke, die das Anwesen bis heute besitzt, ab 1588 ein prächtiges Wasserschloss errichten. Neben dem Schloss mit seiner erhaltenen Innenausstattung und wertvollen Kunstgegenständen gehören zu der wunderschönen Anlage mehrere Wirtschaftsgebäude, eine Wassermühle und die reich ausgestattete Schlosskapelle.

Bad Pyrmont

***Touristinformation** Europa-Platz 1, 31812 Bad Pyrmont,*
*Tel. 05281 940 511; **Schlossmuseum** Di – So 10–17 Uhr*

Schon die Römer und Germanen nutzten die wohltuenden Heilquellen von Pyrmont. Der Aufstieg zu einem beliebten Kurbad von internationaler Bekanntheit setzte im 17. und 18. Jahrhundert ein. Mittelpunkt von Bad Pyrmont, idyllisch zwischen Weserbergland und Teutoburger Wald gelegen, ist das 1706–1710 erbaute Barockschloss, in dem heute das Museum für die Geschichte der Stadt und des Heilbades beheimatet ist. Der historische Kurpark mit der größten Palmenfreianlage nördlich der Alpen sowie mehrere Heilquellen, Brunnen und Grünanlagen laden zum Verweilen ein.

Bodenwerder

***Museum** Münchhausenplatz, 37619 Bodenwerder,*
Tel. 05533 409 147, 16. März – Okt. 10–17 Uhr,
Nov. – 15. März nach Vereinbarung
***Freilichtspiel** 1. So des Monats (Mai – Okt.) 14 Uhr*

Die Umgegend der Stadt Bodenwerder, südlich von Hameln an der Weser gelegen, nennt sich »Münchhausenland«. Hier wurde 1720 der weltberühmte »Lügenbaron« Karl Friedrich Hieronymus von Münchhausen geboren, der sich dreißigjährig von seiner Offizierslaufbahn zurückzog und auf seinem Gut in Bodenwerder phantasievolle Abenteuergeschichten erzählte. Neben dem Münchhausen-Museum, das u.a. persönliche Besitztümer des Fabulierers und Buchausgaben seiner berühmt gewordenen Geschichten präsentiert, kann man sonntags dem kostenfreien Freilichtspiel des »Lügenbarons« vor seinem einstigen Gutshof (heute Rathaus) beiwohnen.

Hameln an einem Tag. Ein Stadtrundgang
1. Auflage, 2014

Text: Kristina Kogel
Karte: Torsten Pape
Fotos: Kristina Kogel, Verlagsarchiv,
Marktkirche St. Nicolai (S. 3)
Gestaltung, Satz: Gabine Heinze, TOUMAart, Leipzig
Herstellung: Neue Druckhaus Dresden GmbH, Dresden

Umschlag:
1 Hochzeitshaus und Marktkirche
2 Großehofstraße mit Blick zum Redenhof
3 Neuer Rattenfängerbrunnen
4 Hamelner Pflasterstein
5 Stadtansicht von Matthäus Merian, 1640

www.lehmstedt.de

ISBN 978-3-942473-83-5